»Wir sind alle nur
Besucher
an diesem Ort,
zu dieser Zeit.

Unsere Aufgabe
hier ist es,
zu beobachten,
zu lernen,
zu wachsen und
zu lieben…,

um dann wieder
nach Hause zu gehen.«

Weisheit der australischen Aborigines

Schirner Verlag

Über Ute Leilani

In meine »normale« Arbeit als Grafikdesignerin fließen immer mehr die Erfahrungen, die ich gemacht habe, das Wissen, das sich mir erschlossen hat und das ich erinnert habe, und meine schamanischen/spirituellen Ausbildungen mit ein. Meine Arbeit verändert sich dadurch und ist, wie alles, stets im Wandel und in Entwicklung. Ich sehe Ideen, Visionen und die Gestaltung immer mehr auf einer inneren Ebene, sie entstehen in mir und wollen in die Welt. Neue Felder und Kreise öffnen sich für meine Arbeit. Noch viel wichtiger ist mir, mich nicht nach alten Mustern zu definieren. Ich bin, wie ich bin, und so will ich Menschen von Herz zu Herz begegnen. Und dann schauen wir gemeinsam, was dadurch entstehen kann.

Mehr über mich unter: **www.sira-kraftkreise.de**

Ute Leilani

Ute Leilani Meuser

Erden Engel

GEMEINSAM
sind wir mehr ...
und kommen viel weiter

Schirner Verlag

ISBN 978-3-8434-5138-3

Ute Leilani Meuser:
ErdenEngel
Gemeinsam sind wir mehr …
und kommen viel weiter

Schirner Verlag, Darmstadt

Umschlag & Layout: Ute Leilani Meuser
(Motive siehe Bildnachweis S. 92)
Lektorat: Bastian Rittinghaus, Schirner
Printed by: Ren Medien GmbH, Germany

www.schirner.com

1. Auflage Mai 2016

Inhalt

Inhalt

Erkenne dich selbst als

ErdenEngel

Unsere Zeit ist JETZT!
Öffne dein Herz!
Wir sind ALLE EINS!

Schon mein ganzes Leben fühle ich mich anders als die anderen. Lange, besonders in meiner Kindheit, kam ich mir hier irgendwie »ausgesetzt« vor, auf dem falschen Planeten gestrandet. Das bezog sich meist auf das Verhalten, Fühlen und Handeln meiner Mitmenschen. War ich in der Natur, in der Anderswelt oder mit Tieren, Pflanzen und Steinen zusammen, löste sich diese Begrenztheit. Es gab keine unlogischen Regeln wie in der Menschenwelt. Alles folgte einer inneren Weisheit und Wahrheit, die ich bei vielen Menschen vermisste. Diese verlangten eher von mir, dass ich alles folgsam und kritiklos annehmen sollte. Das war aber fast nie meine Wahrheit. Heute kann ich darüber schmunzeln, dass meine Oma immer sagte: »Kind, du bist irgendwie anders!« – und ich weiß, dass wir genau dafür hier sind.
Wir ErdenEngel werden gebraucht, um das neue Bewusstsein immer weiter zu entwickeln und zu verankern. Es geht darum, die Welt wieder zu einem schönen, lebendigen und lebenswerten Ort für uns alle zu machen.
Ich möchte ErdenEngel ermutigen, zu erkennen, wer sie sind, damit sie sich an ihre wahre Kraft, Talente und Potenziale erinnern und mutig ihren Weg gehen – zum Wohle aller.

Jeder einzelne Mensch ist ein heiliges Wesen.

Alles ist verbunden, und wir erkennen uns auch immer mehr gegenseitig und unterstützen uns von Herz zu Herz. Wir sind Sternenstaub und haben eine wichtige Aufgabe, hier und jetzt auf dieser wundervollen Erde.

Ein Bilderbuch voller Gestaltungsmöglichkeiten, Visionen und Träume.

Dieses Büchlein ist eine Ergänzung zu meinem ErdenEngel-Kartenset. Ich stelle einen Teil der Karten mit zusätzlichem Text vor. Du kannst frei wählen, ob du lieber dieses kleine Buch, die Karten oder beides in Kombination benutzt.

Es wurde schon so viel geschrieben. Hier geht es nicht darum, Wissen anzusammeln, sondern eher, intuitiv zu tauchen und sich zu erinnern. Bei mir will vieles mehr über Bilder und kurze Botschaften wirken, die Raum zum Träumen lassen und auch für die jeweils eigene Wahrheit.

Wir haben das Wissen ja eh in uns. Es sind immer nur Augenblicke, die du erfassen kannst und die dich ins JETZT bringen. Ich wiederhole einige Botschaften immer wieder, weil sie so wichtig sind. Lass einfach zu, dass sich Räume öffnen, um tief in dich zu schauen, zu lauschen, was gerade dein Thema ist, wo Resonanz besteht.

Was taucht auf und möchte sich entwickeln?

Bald wird es noch ein Arbeitsbuch dazu geben, das eine neue Spielwiese öffnet, kreativ mit unserer ErdenEngel-Schöpferkraft umzugehen. Auch darin möchte ich nur erinnern und eigenes Potenzial zum Klingen bringen.

Ich bin keine Lehrerin im alten Sinne, wir spiegeln uns gegenseitig und haben ein gemeinsames Ziel: das neue Bewusstsein auf der Erde zu verankern. Ich möchte einfach Impulse geben. Mögen wir uns erinnern und unsere Seelenfamilien erkennen, uns vernetzen und damit die neue Welt aufbauen ... **gemeinsam sind wir mehr ...**

schön, dass es euch gibt! Von Herzen Danke!

WIR sind wirklich DIE ...

...
auf die
WIR
gewartet
haben

Viele Urvölker sagen, dass wir von den Sternen kommen, ebenso wie von der Erde.

Erinnere dich!

Die Zeit ist jetzt!

Wir sind **geistige Wesen** in physischen Körpern.
Wir **wachen** jetzt **auf** und erkennen die Verbindung mit Mutter Erde, die uns ernährt, und all ihren Lebewesen.
Dieses Wissen finden wir **in uns selbst.**
Wir beginnen **jetzt,** diese Verbindung wieder aufzubauen und gemeinsam das Neue zu erschaffen.

meine erdenEngel Botschaft

Ich bin Sternenstaub
und wache auf!

Jeder Einzelne von uns ist ein wunderbarer Ausdruck der Schöpferkraft. Doch viele haben eine bunte Plastikbrille aufgesetzt, sich eine mehr oder weniger passende Komfortzone gebaut und leben in einer egobestimmten, am Konsum orientierten Welt. Dabei wird die Trennung von unseren wahren Kräften und der Natur ständig größer, außerdem zerstören wir unseren eigenen Lebensraum.
Doch immer mehr wachen auf, und es wird auch Zeit. Bei mir war es so, dass ich mir vor vielen Jahren auf einmal beim Leben zugesehen habe, ich zog die Plastikbrille einfach ab. Das hat mich total erschreckt, das war nicht mehr ich: Klar funktionierte ich hervorragend für mein Umfeld, aber dabei hatte ich meine ganze Lebensfreude verloren, war eingesperrt mit vielen Ängsten. Allein das Beobachten und Erkennen hat alles verändert, und ab da hab ich wieder das in mein Leben eingeladen, was mein wahres Wesen ausmacht.
Ganz tief in uns schlummert eine Sehnsucht, ein Wissen, dass es da noch viel mehr gibt.
Es ist ein nonverbales Erinnern an unsere wahre Schöpferkraft und ein harmonisches Miteinander und Verbundensein mit allem, was ist.

erdenEngel sind **Brückenbauer** zwischen den Welten

Wir leben in einer ganz besonderen Zeit. Alles beschleunigt sich, das Alte funktioniert immer weniger, und gleichzeitig entwickelt sich das Neue erst Schritt für Schritt. Wir stehen mit einem Bein im Alten und mit dem anderen in Neuland, ohne genau zu wissen, wie sich die nächsten Schritte gehen lassen. Es herrscht Chaos, weil viele der überholten Systeme ihre bisherige Rolle nicht aufgeben wollen.

Doch da kommt niemand, der uns rettet, wir sind es. Die, die bereit sind, eine Brücke zu diesem neuen Bewusstsein zu bauen.

Solange wir uns noch getrennt fühlen von unserem wahren Wesen und unseren Kräften, ist es sehr anstrengend. Dabei müssen wir uns nicht mehr über Leid und Schmerz weiterentwickeln. Der neue Weg bringt Liebe, Frieden und die Freude am Leben wieder zurück.

Vor unserer Geburt und nach dem Tod sind wir alle bewusste, spirituelle Wesen. Jetzt geht es darum, uns dessen auch während unseres Erdendaseins bewusst zu werden und die Verbindung zu unserem wahren Wesen wieder aufzubauen und hier zu verankern.

Engelwesen fällt es schwer, in die dreidimensionale Welt zu kommen. Das bedeutet Einsamkeit, Trennung für uns. Ein Teil unseres Seelen-/Geistwesens ist in einer anderen Welt. **Erdenengel sind Brückenbauer** und stellen die Verbindung wieder her.

Ich nutze meine innere und äußere Sicht, um die Welt immer wieder neu zu betrachten. Nur, was wir uns vorstellen können, können wir auch sehen, erleben und kreieren.

Es liegt an jedem Einzelnen von uns, **Visionen von etwas Besserem, Schönerem, Heilerem zu erschaffen.**

Ich betrachte alles immer wieder neu und nutze meine Vorstellungskraft

erdenEngel haben Visonen von einer neuen Welt

Mit unseren Visionen kommen wir weiter. Alles, was wir uns vorstellen können, können wir auch erschaffen, nur unser Verstand setzt uns da oft Grenzen. Unsere Kreativität und unbegrenzte Möglichkeiten stehen uns zur Verfügung.
Manchmal braucht es viele kleine Schritte und Mut, aber nach und nach werden wir unsere Visionen ins Leben rufen.
Das, was wir neu in die Welt bringen wollen (oft ist es auch eher etwas, was wir erinnern), bauen wir zuerst in uns auf. Z. B. kann ich nur dabei helfen, mehr Frieden in die Welt zu bringen, wenn ich zuerst in mir inneren Frieden erschaffen habe. Ich muss selbst Frieden SEIN, diese Qualität in mir tragen. Dann strahle ich das auch nach außen hin aus. Besonders schön ist, wenn ich mich mit gleichgesinnten Menschen treffe. Je mehr eine gemeinsame Vision haben, desto größer wird die Kraft, die sie in die Manifestation bringt.
Lasst uns einfach beginnen, zuerst individuell und dann, indem wir gemeinsam unsere Kraft bündeln – für eine neue, friedvolle Welt.

Lange Zeit in meinem Leben dachte ich, dass ich ganz allein nichts bewegen kann. Ich sah die ganze Umweltverschmutzung, den Raubbau an der Natur mit all ihren Wesen und all die überholten Systeme, die uns klein und gefügig halten wollen. Gleichzeitig fühlte ich mich dem ohnmächtig ausgeliefert, konnte für mich nur im Kleinen Dinge bewegen und bin dabei natürlich überall angeeckt.

Aber immer mehr habe ich erfahren, dass alles, was ich in mir heile und was ich bin, was meine inneren Werte und meine Wahrheit ausmacht, eine direkte Veränderung da draußen in Bewegung setzt. Ich folge einfach meiner inneren Natur, und das fordert mich ganz gut. Ich bin für mich verantwortlich. Für meine Gedanken, Gefühle, Handlungen, damit fange ich an. Ich beginne für mich, immer heiler zu werden und mein Herz immer weiter zu öffnen.

Ich fange mit MIR an und BIN die Veränderung, die ich erleben möchte. Ich pflege einen **liebevollen, wertschätzenden und achtsamen** Umgang mit mir selbst und mit allem, was mich umgibt. Damit verankere ich das Licht und die Liebe auf GAIA, unserer wundervollen Erde.

Was kann ICH mit der Welt teilen, um sie besser, strahlender, schöner zu machen

?

erdenEngel SIND die Entwicklung, die sie sehen wollen

Es liegt in unser aller Hand,

wie wir mit den Ressourcen unseres wundervollen Planeten umgehen.
Jetzt kommt es auf uns an!

erdenEngel übernehmen Verantwortung

Genauso, wie ich zuerst für mich selbst Verantwortung übernehme, kann ich dabei helfen, respektvoller und achtsamer mit den Geschenken der Erde umzugehen.

Sie stellt uns so viel zur Verfügung, für alle wäre genug da. Aber es ist sehr viel aus dem Gleichgewicht geraten, weil wir nicht achtsam damit umgegangen sind, sondern oft Raubbau betrieben haben. Viele leben so, als würde sie nicht interessieren, wie die Generationen nach uns damit (über-)leben können.

Hier kommen uns die Urvölker zur Hilfe, die die Verbindung zur Erde nicht verloren haben, sie erheben ihre Stimme und erinnern uns an unsere Verantwortung und noch mehr daran, dass wir JETZT etwas ändern müssen, es liegt in unserer Hand.

Wir müssen unsere Schöpferkraft und Energie einsetzen, um die Umwelt in vielen Bereichen wieder zu heilen und neue Lösungen zu finden.
Gemeinsam Harmonie und ein neues Gleichgewicht aufbauen ... die Zeit ist JETZT ... wenn wir unsere Lebensräume erhalten wollen.

Wir nutzen
liebevoll & achtsam unsere
Fähigkeiten

Let your soul and spirit fly
Magic is in you

erdenEngel wissen:

Wunder sind überALL

Genauso, wie mein Leben
ein einzigartiges Wunder ist,

kann ich jeden neuen Tag
voller Wunder verbringen.

Es ist so zauberhaft,
bereit zu sein –
Wunder einfach einzuladen

Wunder geschehen dann, wenn ich mich dafür öffne.

Ich vertraue und gebe mich dem Flow des Lebens hin. Ich bin empfangsbereit, aber gleichzeitig lasse ich jede Vorstellung, jede Erwartung von einem Ergebnis los, gebe es an etwas Größeres ab.

Unsere wahre Kraft liegt tief in uns selbst, in unserem Herzen, hier finden wir die Quelle der Kraft, um Magie und Wunder in unserem Leben zu erschaffen. Wir können alles, was existiert, nutzen, um die Welt zu verzaubern.

Öffnen wir unser Herz immer weiter, haben Freude am Leben und laden damit neue Synchronizitäten, Wunder und mehr Leichtigkeit ein! Wenn wir mit der Natur schöpferisch zusammenarbeiten, wird das unser Leben immer wieder verzaubern, **das Leben ist ein Wunder.**

Ich träume und lebe meinen Traum

Frage deine Wirklichkeit nicht »Warum?«, frage deine Träume »Warum nicht?«. (G. B. Shaw)

Alles, was ich träumen kann, öffnet den Raum, Wirklichkeit zu werden.

Wir sind träumende Wesen, und zuerst über innere Bilder erschaffen wir unsere Realität.

Viele Naturvölker sind sich dessen bewusst, und sie kennen Wach- und Traumzeiten. Dabei ist die Traumwelt für sie wichtiger und realer als das wache Leben.

Im Traum wird alles erschaffen, was ist.

Alles träumt und hat einen Traumkörper. Wir haben nur oft verlernt, die Sprache der Erde zu verstehen. Doch immer mehr folgen wir einem heiligen Traum tief in unserem Herzen und öffnen uns für eine grenzenlose Kommunikation mit allen Geschöpfen dieser Welt. Über den Traumkörper ist das möglich.

Träum dein Leben.
Lass deine Träume in deinem Leben
zur Wirklichkeit werden.

Sie sind Botschaften der Seele.

Schenk dir auch Zeit für deine Tagträume. Tauch einfach in das JETZT ein, ganz entspannt, ohne etwas tun zu wollen, und öffne dich für Impulse, Inspiration und Ideen. Das ist die Quelle wahrer Kreativität.

Ich stelle mich **mutig** den Herausforderungen des Lebens

Mut erfordert manchmal die Bereitschaft, Grenzen zu überschreiten, Neuland zu betreten oder zu meinen besonderen Fähigkeiten zu stehen.

ErdenEngel wandern nicht auf ausgetretenen Pfaden, sondern sind bereit, immer wieder etwas ganz Neues zu wagen.
Manchmal ist es im Leben so, dass die Schritte, vor denen wir die meiste Angst haben, unendlich frei machen. Sie öffnen Neuland. Wir überschreiten selbst gesetzte Grenzen.

Nie hätte ich mir das vorstellen können auf meinem eigenen Weg. Es braucht das Tun, das Sich-Schritt-für-Schritt-ins-Unbekannte-Aufmachen.
Einfach vertrauensvoll losgehen.
Sobald ich mich auf meinen ganz eigenen Weg gemacht hatte und der Herausforderung ins Auge schaute, gestaltete sich der Weg ganz von allein.

Wir werden mutig, voller Zuversicht durch unser Leben schreiten, wenn wir unsere eigenen Kräfte wahrnehmen, sie regelrecht tief in uns wieder aufspüren.
Wir sind wirklich machtvoll, und darauf dürfen wir immer wieder fest vertrauen.

erdenEngel schreiten mutig voran

erdenEngel trauen es sich zu

Bei unseren mutigen Schritten auf unserem Lebensweg ist es wichtig, uns bewusst zu sein, dass all unsere Kraft von innen kommt.
Es kann sehr hilfreich sein, einen Platz in der Natur zu suchen, dort zur Ruhe zu kommen und sich der inneren Stärke bewusst zu werden. Wir verbinden uns mit der Quelle in uns, unserem höheren Selbst, unserer Einheit mit dem Geist des Lebens.
Sind wir daran angeschlossen, sind auch unsere Spirits auf anderen Ebenen da, z. B. unsere Krafttiere, Botschaften, die uns Pflanzen schicken, oder Wesen, die mit uns verbunden sind.
In jedem von uns ist ein Zentrum der Kraft, wo die Fülle der Liebe und der Wahrheit wohnt. Wir müssen uns nur verbinden mit diesem Energiestrom und sind in dem Moment an etwas viel Größeres angeschlossen, das uns liebevoll unterstützen wird. Manchmal schenkt es uns unmittelbar Stärke, eine Situation zu meistern, es kann aber auch eine Inspiration, ein Rat oder eine Warnung sein.

Ich vertraue der inneren Kraft in mir

Ganz tief in mir
spüre ich immer
wieder meine
mir eigene Stärke
und Kraft.
Ich bin verbunden
mit etwas viel
Größerem.
Alles ist möglich,
ich vertraue fest
darauf.

Ich erkenne Schönheit in ALLem

Ich bin überall umgeben von
grenzenloser Schönheit.
Auch wenn ich manchmal hinter den
äußeren Schein blicke, um die wahre,
innere Schönheit zu erkennen,
jenseits von Schwarz-Weiß-Denken.
Was ich BIN, strahle ich aus.

erdenEngel sind von innen heraus schön und ziehen Schönheit an

Überall um uns herum können wir Schönheit in all ihren Facetten wahrnehmen. Farben, Klänge, ein Sonnenuntergang, eine Waldlichtung, spielende Kinder, die Augen eines geliebten Menschen ...
Je mehr wir unseren Fokus darauf richten, desto mehr wunderschöne, grenzenlose Details werden wir wahrnehmen.
Auch ist jeder Einzelne auf seine eigene unverwechselbare Art wunderschön, wenn man diese Einzigartigkeit erkennt. Dabei geht es nicht um perfektes Aussehen, was ja jeder anders definiert. Sondern viel wichtiger ist wahre Schönheit, die den inneren Ausdruck widerspiegelt, frei von Masken, ganz wahrhaftig und voller Anmut.

Diese Schönheit erkennt man mit dem Herzen, sie bezaubert und berührt. Öffne dich für deine wahre Schönheit, deine reine Essenz, und strahle sie in die Welt.

Ich empfange Energien aus Erde und Kosmos,
ich atme mit ihnen, verbinde mich.
Das bringt mich in meine innere Mitte und zentriert
mich in meinem SEIN.
Aus meiner Mitte kann ich bewusst handeln,
mein Leben gestalten.

Ich bin verbunden mit Erde und Kosmos

Wir können
leichter in unserer Mitte sein,
wenn wir uns bewusst mit der Erde
und dem Himmel verbinden.
Dann sind wir angedockt an Energien,
die immer fließen.
Die kosmischen Kräfte und die Erdkräfte fließen in unser
System und verbinden sich dort.

Die Erde ist unsere Mutter.
Der Himmel ist unser Vater.
Und wir sind das »göttliche« Kind.

Diese Übung oder Meditation gibt es schon seit uralten
Zeiten und in vielen Formen.
Doch im Kern bleibt sie immer gleich.
Sie verankert uns, bringt uns in die eigene Mitte und öffnet
uns gleichzeitig für höhere Ebenen. Wir sind nicht mehr
getrennt oder entwurzelt, sondern zentriert in uns.

erdenEngel sind in ihrer Mitte

erdenEngel schöpfen aus der Stille

Wenn ich still bin, zentriert und geerdet in meinem Herzraum, dann erreicht mich eine neue Form von Klarheit, und ich öffne mich für Wunder und wertvolle Impulse.

Wenn ich meine Aufmerksamkeit nach innen richte, dem Geist Raum schenke und einfach einmal durchatme, bemerke ich bald, dass ich alles Anstehende immer besser bewältige.

Lasse ich nicht genug Spielraum für diese Auszeiten, kann es sein, dass ich mich im schnelllebigen Alltag verliere und immer weniger Zeit finde.

Je mehr ich mir selbst Raum schenke, um im Geist, in der Leere zu sein, desto mehr Leichtigkeit, Wunder und Inspirationsquellen werden in meinem Leben erscheinen und sich manifestieren.
Es ist sehr wichtig, sich zu erlauben und auch Zeit dafür zu finden, den Raum dazwischen wieder wahrzunehmen. Und gleichzeitig auch die Stille auszuhalten. Für manche ist es gar nicht so leicht, allein mit sich selbst zu sein, sich zu spüren.
Oft ist alles so mit Aktivitäten, To-do-Plänen ausgefüllt, und wir wollen nicht untätig oder faul erscheinen.
Viele erkennen nicht, dass dies enorm wichtige Auszeiten sind, die auch gar nicht sooo lange sein müssen.
Genau in diesen Stillephasen setzt ein FLOW ein. Wir sind empfangsbereit für Impulse. Oasen der Stille öffnen uns dafür, die grenzenlose Fülle des Lebens zu spüren, jenseits von Zeit und Raum.

AusZeit ... Oasen der Stille

Wenn ich etwas durchlebt habe, die Wahrheit dahinter sehe und von Herzen dankbar dafür bin, dann ist der Kreis in mir für diesen Aspekt geschlossen. Ich kann dieses Geheilte im anderen aktivieren. Meine Lebensweisheit fließt dem anderen Energiefeld zu.

Für mich ist das hawaiianische Ho'oponopono, ein uraltes Vergebungsritual, eine wundervolle Methode, in die eigene Verantwortung zu gehen und zuerst mich selbst immer heiler werden zu lassen und damit gleichzeitig die Welt zu heilen. Mein inneres HeilSEIN wird nach und nach auch im Außen sichtbar.
Immer wenn ich etwas ändern möchte, gibt es nur einen einzigen Ort, an dem das geschehen kann – tief in mir selbst.
Wir alle sind genau jetzt hier auf diesem wundervollen Planeten, um mit unserem SEIN daran mitzuwirken, heilsame, friedvolle, harmonische Lebensumstände zu erschaffen.
Momentan haben wir da noch ein großes Spielfeld, doch alles, was wir als unharmonisch wahrnehmen, können wir uns bewusst machen und kraft unserer Absicht ändern.

Ho'oponopono in Kurzform:

Es tut mir leid.
Ich verzeihe dir.
Ich liebe dich.

Dankbarkeit ist der Schlüssel zu etwas viel Größerem, und es erfüllt mich mit tiefer Wertschätzung, sie täglich zu empfinden

Dankbarkeit lässt uns Glück im Herzen spüren und öffnet dieses immer weiter. Eine große Freude durchströmt uns. Wir nehmen die Schönheit wahr, erkennen all die Geschenke, die das Leben für uns bereithält.
Es öffnet sich ein Füllhorn an neuen Möglichkeiten.

Dankbarkeit verbindet uns mit dem Göttlichen, einer erschaffenden Kraft, der Quelle allen Lebens.
Mit der Kraft der Dankbarkeit bringen wir ganz viel Segen in unser Leben und die Welt.
Wir können viele Veränderungen bewirken, einfach indem wir das Gefühl der Dankbarkeit immer wieder teilen.

Und es gibt so viel, wofür wir dankbar sein können, jeden Tag, jeden Augenblick, immer wieder.
Bei jedem Schritt, den wir gehen, können wir »Danke« zu Mutter Erde sagen.
Welchen Menschen können wir ein »Danke« schenken, einfach, weil wir so dankbar sind, dass es sie gibt?
Wofür kann ich heute dankbar sein ...
immer wieder grenzenlose Dankbarkeit empfinden?

erdenEngel fühlen Dankbarkeit

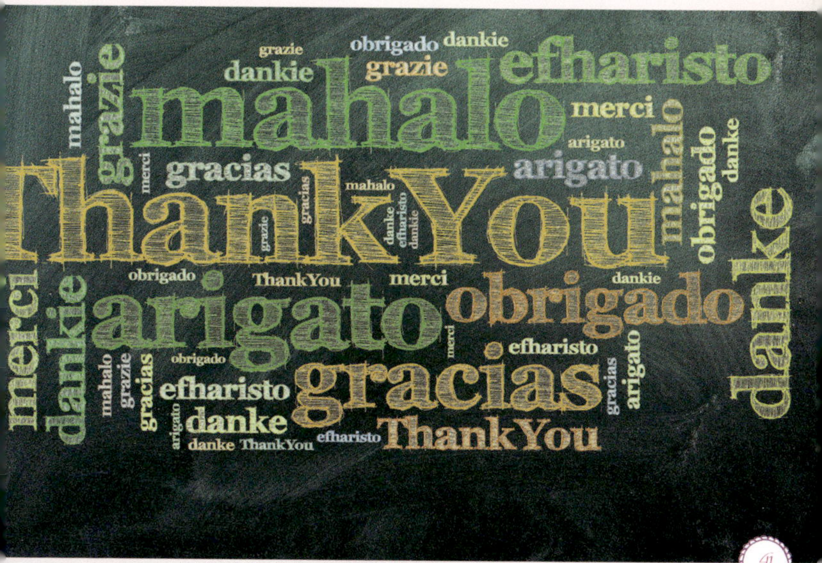

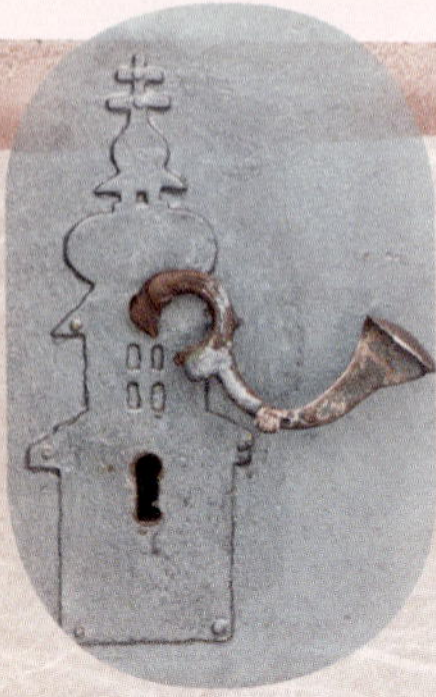

Ich begegne meinen **Ängsten** und **Zweifeln** ganz bewusst und erkenne, dass sie **nicht real** sind

Entwicklung und Heilung beginnen in unserem Herzen, wenn die Liebe freigelegt ist von all unseren EGO-Ängsten. ANGST ISOLIERT UNS. Ist sie als Illusion erkannt, verbindet die Liebe alles mit allem und öffnet den Raum für Wunder.

Wo Licht ist, ist auch Schatten. Die Polarität, in der wir alle leben, spiegelt uns beide Seiten.
Sie ergänzen sich wie Tag und Nacht.
Wichtig ist, beide Qualitäten anzuerkennen und in Balance zu bringen. Dann ist Entwicklung und Bewegung im Rhythmus des Universums möglich.

Je mehr wir aufwachen und je bewusster wir werden, desto klarer erkennen wir auch die Anteile in uns, die noch Heilung brauchen und die wir lange versteckt haben. Das ist gut und wichtig für uns.
Unserere Herzen öffnen sich immer weiter, und wir leben die Wahrheit. Dadurch zeigen sich diese ungeheilten Aspekte schneller und deutlicher. Wenn wir diese Teile liebevoll annehmen, wandelt sich die Energie.
Alles, was wir auflösen, wird energetisch wieder frei und fließt weiter. Arbeiten wir an uns selbst und erkennen wir, was in uns Auflösung braucht, bringt das überall Heilung, besonders auch im kollektiven Feld.

Ich beschränke mich
nicht nur auf meine

normalen Sinne

Ich nutze all meine
Sinne, besonders
die, die lange
geschlafen haben,
wie Intuition und
Telepathie.
Ich entwickle und
entdecke ganz
neue Fähigkeiten.

erdenEngel haben mehr als 7 Sinne

Wir alle haben viel mehr als nur unsere 5 körperlichen Sinne. Doch oft haben wir verlernt, sie wahrzunehmen. Bei vielen sind diese Sinne verkümmert oder wurden schon in der Kindheit nicht gefördert, sondern unterdrückt.

Unsere erweiterte Wahrnehmung, unsere Intuition und das allumfassende Gewahrsein dürfen wir jetzt wieder freilegen, damit wir auf und mit allen Ebenen kommunizieren können. Dabei hat jeder seine ganz besonderen Schwerpunkte. Manche können z. B. hellsehen, andere hellhören oder hellfühlen.

Die Welt mit allen Sinnen wahrzunehmen, ist wie eine Liebesbeziehung mit ihr einzugehen, da es unsere Sinnlichkeit ihr gegenüber enorm erhöht. Auf einmal entdecken wir den Zauber, wenn bisher Unsichtbares wahrnehmbar wird. Und uns wird klar, dass wir nur einen Bruchteil der Schöpfung wahrgenommen haben.

Das wieder zu spüren, hat mein Herz tief berührt. Gleichzeitig bekommen wir damit wieder Zugang zu vielen Ebenen in uns selbst. Wir spüren uns wieder wirklich in Verbindung zu immer mehr Seinsebenen.

Es gehört zu unserer wahren Natur, kreativ zu sein, Inspirationen zu folgen, Neues in die Welt zu bringen und miteinander zu teilen.

Kreativität bringt uns direkt in das Erschaffen und das Schöpfersein, es schließt uns an eine Quelle an und verbindet uns mit unserer ureigenen Kraft.
Wenn Schöpferkraft und Lebensfreude fließen, sind wir in einem wunderbaren Flow.
Taucht in die Inspiration ein, folgt eurer Intuition, schaut, was euch anzieht, und vertraut der Weisheit eures Herzens.
Kreatives, egal welcher Form (Malen, Schreiben, Tanzen, Segenswünsche, Kochen ...), bringt mehr Schönheit in die Welt. Es hat einen inneren Wert.

Etwas zu erschaffen, macht glücklich.

Findet die Vision in euch, kreativ zu sein ... zum Wohle aller!
Gerade jetzt, in dieser spannenden Zeit, ist es wichtig, sich auch selbst immer wieder neu zu definieren und zu erschaffen, damit wir alle neue Schritte gehen können.
Stellt euch die Frage: **»Was will ich jetzt sein und leben?«**
Alles entsteht zuerst auf einer inneren Ebene. Dort gibt es keine Beschränkungen, außer, ihr baut euch welche auf.
Es ist eure Collage, euer Design des Lebens.
Wir sind wirklich die, auf die wir gewartet haben.
Lasst uns gemeinsam das Neue gestalten, Vertrauen in unsere Kreativität und Schöpferkraft finden, um eine Welt voller Liebe, Frieden und Freude zu erschaffen.

Ich nutze meine Kreativität und Schöpferkraft

Meine Schöpferkraft verleiht meinen kreativen Ideen Ausdruck. Ich baue meine gestalterischen Fähigkeiten aus und kreiere voller Freude mein Leben.

erdenEngel spielen mit ihrer Kreativität

Tanz dein Leben

Das Leben ist ein Spiel, und wir erschaffen uns alles selbst.

Lasst uns voller Freude diese Aufgabe achtsam annehmen und anfangen, voller Leichtigkeit durchs Leben zu tanzen.

Die Erde steht niemals still, wir können uns durch fließende Bewegungen mit der Kraft, die aus der Erde kommt, verbinden. Kulturen aller Zeiten nutzten Tanz und Musik in rituellen Handlungen, um den Menschen in andere Bewusstseinsstufen zu bringen.
Beim Tanzen lösen sich Spannungen. Die sinnlichen Wahrnehmungen intensivieren sich, und wir sind im JETZT. Wir geben uns ganz dem Tanz hin und erspüren uns im Körper ohne die Kontrolle des Egos. Gerade, wenn wir irgendwo feststecken, bringt es wieder spielerische, ungezügelte Leichtigkeit ins SEIN.
Wir folgen dem Rhythmus, unseren Füßen und unseren Gefühlen. Werden leer und vollkommen frei.
Wir erkennen, wie der Tanz unser Inneres spiegelt und für uns erfahrbar macht. Wir fühlen uns selbst mit allen Sinnen und nehmen eine tiefe Verbundenheit zu allem, was genau in dem Moment ist, wahr.
Tanzen ist eine wunderbare Form, sich auszudrücken, Bewegung, Freude und Leidenschaft ins Leben einzuladen.

Leben ist immer wieder Bewegung.

Folgen wir voller Vertrauen dem inneren Fluss und geben uns dem heiligen Tanz unserer Seele hin, um aufrichtig, anmutig und voller Freude durchs Leben zu tanzen!

erdenEngel wollen bewegen

Ich lebe immer mehr aus meinem Herzen

Ich öffne mein Herz immer mehr für die gesamte Schöpfung. Weitet sich mein Herz, öffnen sich meine inneren Räume, die Intuition erwacht, und Verbindung zu ALLem, was ist, ist möglich.
Wenn wir uns mit der Liebe verbinden, fühlen wir tiefen Frieden und Wertschätzung für alles, was ist, in unserem Herzen und strahlen das auch wieder aus.

Wegen der Liebe sind wir hier, und sie wollen wir teilen, um Heilung für uns alle und die Erde zu erschaffen.

Das geschieht, wenn wir im Tempel unseres Herzens sind, Dinge fließen lassen, die Kräfte und die Weisheit des Herzens entwickeln und zum Ausdruck bringen.

ErdenEngel, die die Gabe des Mitgefühls in sich tragen, sind ein Segen für die neue Erde.

Allein durch ihr DAsein bewegen sie ganz viel.
Kommt wahres Mitgefühl direkt aus dem Herzen, hat es die Kraft, die Welt zu verändern und Frieden für alle zu bringen.

Je mehr wir uns verbunden fühlen, umso mehr öffnet sich unser Herz voller Mitgefühl, Achtsamkeit und Wertschätzung.

Mitgefühl verbindet

erdenEngel sind empfindsam

Ich BIN einfach

einfach SEIN

da SEIN
achtsam SEIN
heil SEIN
wahr SEIN
empfänglich SEIN
aufmerksam SEIN
liebevoll SEIN
frei SEIN
im Flow SEIN

**im reinen
Zustand
des SEINs**

erdenEngel leben aus dem SEIN

Achtsamkeit führt uns ins JETZT, ganz in den Moment.
Wir kommen in uns selbst an, SIND einfach.

Unsere Wahrnehmung verändert sich. Wir öffnen unsere Sinne, werden zum Beobachter, ohne irgendetwas zu bewerten. Einfach nur wahrnehmen.
Jeder Augenblick ist einzigartig, es gibt kein Gestern und auch kein Morgen ... nur den jeweiligen Moment.

Was nimmst du wahr?

Fühl den Wind auf deiner Haut, die wärmenden Strahlen der Sonne, die Düfte um dich herum, atme tief und bewusst ... Schule deine Achtsamkeit und Aufmerksamkeit für das, was im Augenblick ist.

Im JETZT sind wir wirklich ganz und gar
in unserem SEIN, ganz wir selbst und ganz hier.
Wir ruhen in unserer Mitte.

Ich richte meinen Fokus auf das Dienen

Wir haben viel zu geben.
Unsere Seele wünscht
sich zu dienen,
im Fluss zu sein von
Geben und Nehmen.
Wir stellen uns in den
Dienst von etwas
viel Größerem.

erdenEngel dienen der Schöpfung

Im Dienst von etwas viel Größerem zu stehen und das auch zu leben, ist ein wundervoller Seinszustand.
Wahres Dienen ist uneigennützig und hat nichts damit zu tun, sich ausnutzen zu lassen.
Wir geben und emfangen und bereichern damit das Leben an sich, erkennen den immerwährenden Kreislauf.
In völliger Hingabe, ohne etwas zu verlangen.
Das Leben ist ein Geschenk. Wir dürfen unsere Gaben mit der Welt teilen.

Was kann ich heute dem Leben geben?

Es geht dabei immer weniger um persönliche Wünsche, sondern zunehmend um echte Bedürfnisse des Lebens. Alles ist mit allem verbunden.
Wir ErdenEngel wollen der Welt einen Dienst erweisen und folgen einer universellen Aufgabe.

Wir sind Liebe, die Kraft der Liebe trägt uns.
Mit der Liebe zu uns selbst fängt es an.

Liebe ich mich so, wie ich bin?

Mit all meinen Anteilen und dem, was ich bin?
Unser wahres Wesen ist absolut liebenswert.
Alles, was ich an mir nicht liebe, sperrt mein Wesen ein, es baut eine Mauer darum, begrenzt mich, und mein Licht kann nicht so hell in die Welt strahlen, wie es eigentlich möchte.
Das erzeugt Gefühle wie Angst, Getrenntsein oder Schmerz.

Kann ich Liebe schenken und mir auch gleichzeitig erlauben, Liebe zu empfangen?

Dadurch entsteht ein Kreislauf des Gebens und Nehmens. Wir haben unbegrenzte Liebe in uns.
Wir sind reine Liebe.
Je bewusster uns das wieder wird, desto mehr schließen wir uns wieder an die göttliche Quelle an und sind mit ihr verbunden.
Das lässt unser Herz leuchten. Wir werden dann selbst zu einer Quelle der Liebe, des Wohlbefindens für andere, und teilen Frieden und Freude im Umgang miteinander.

Ich liebe mich und liebe bedingungslos all die Schöpfungen, die mich umgeben

Liebe ist eine Lebenshaltung.
Wir alle sind hier, um Liebe mit der Welt zu teilen.
Wir sind so, wie wir sind, absolut liebenswert.
Schenken wir uns zuerst selbst Liebe, und dann strahlen wir Liebe hinaus in die Welt!
Liebe ist der Schlüssel zu allem!

Ich lebe meine eigene innere **Wahrheit**, auch wenn das oft herausfordernd ist

Meine Wahrheit zu leben, ist mir wichtig. Ich übernehme nicht einfach alles, was andere für wahr halten. Ich gehe in mein Herz und finde heraus, was sich richtig, wahrhaftig anfühlt. WAHRHEIT IST LIEBE. Zusammen mit der gelebten Weisheit, die sich mir nach und nach in meinem Leben erschließt, lebe ich meine innere Wahrheit.

erkennen die Wahrheit

Viele von uns sind Herzenskrieger/-innen
und haben ein sehr feines Gespür dafür,
Wahrheit von Unwahrheit zu unterscheiden.
Wir ziehen unser Schwert und stehen für Klarheit,
Gerechtigkeit und Wahrhaftigkeit ein.

Wahrhaftigkeit beginnt im Umgang mit uns selbst. Indem wir uns auf den Tempel tief im Herzen einstimmen, erhalten wir intuitiv Zugang zur Wahrheit und zu unserer inneren Weisheit.

Manchmal braucht es zuerst einen Weckruf, dann kehren wir unsere Wahrnehmung nach innen und suchen nach der tiefen Wahrheit, die dahinter verborgen liegt. Aber haben wir die einmal gefunden und sind aufgewacht aus dem Netz der Illusionen, gibt es kein Zurück.

Gerade jetzt in der Zeitenwende sind wir herausgefordert, makellos und aus der höchstmöglichen Wahrheit heraus zu leben, um die Illusionen und Unwahrheiten im Außen klar zu erkennen.
Achtsam halten wir die Wahrheit in unseren Herzen.

Das macht unser SEIN aus und damit auch das, was sich im Außen entwickeln kann.

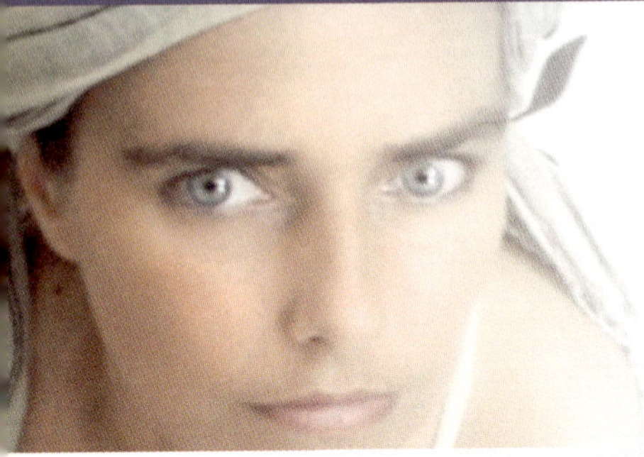

Ich erinnere mich, wer ich wirklich bin

Alles Wissen ist bereits in mir.

Ich öffne meine Sinne, mein Herz und meine Intuition und lausche auf die Zeichen und Impulse.
Die Erde ist ein riesiger Wissensspeicher. Ich darf mich nur wieder daran erinnern, wie ich Zugriff darauf habe.
Das Wissen wurde sehr lange gehütet, aber jetzt ist die Zeit gekommen, es wieder abzurufen.

Wissen ist auf vielfältige Art für uns und in uns gespeichert.

Über das kollektive Feld, das alles verbindet, können wir augenblicklich über Wissen verfügen, das wir in dem Moment brauchen.

Das universelle Wissen ist in der Akashachronik gespeichert.

Hier auf der Erde findet sich das Wissen meist in Naturformationen, besonders in Steinen, aber auch Bauwerken oder Kristallschädeln. Unsere Ahnen haben es über sehr lange Zeiträume dort gespeichert, damit es zur richtigen Zeit wieder zur Verfügung steht. Wir können uns überall daran andocken.

Auch in unserer eigenen Materie, den Knochen, ist das Wissen unserer Ahnen gespeichert, ebenso in unserem Erbgut, der DNS, die wir bisher nur zu einem Bruchteil nutzen.

Und das alles schon seit ewigen Zeiten. Wie vergänglich ist dagegen unsere Art der Wissensspeicherung wie Bücher, CDs, Speicherchips, elektronische Medien ...

Wir dürfen »nur« wieder erinnern, wir wir Zugang dazu bekommen und die Informationen erfassen können.

Die Kraft des Lebensflusses und das Wahrnehmen unserer Sehnsucht, unserer Herzenswünsche, führt uns immer näher zu unserer wahren Bestimmung.

Dafür folgen wir dem Ruf der Erde und dem Ruf unserer Seele.

Die Bausteine unseres Lebens müssen zusammenpassen, damit wir es harmonisch und in Einklang mit allem gestalten können. Jeder Einzelne von uns hat ganz besondere Aufgaben, die in diesem Leben umgesetzt werden wollen und seinem Seelenwachstum dienen.

Am Anfang darf ich den wahren Wert in mir selbst entdecken. Was zeichnet mich aus? Wofür brennt mein Herzfeuer? Was träume ich?
Nehme ich diese Werte und besonderen Qualitäten wahr, kann ich sie voller Begeisterung immer weiter entwickeln und auf vielfältige Weise liebevoll mit der Welt teilen.
Dann gewinnt alles, was ich tue, immer mehr an Wert, und ich bin wertvoll.

Ein Geschenk für die Welt.

Ich finde meine Berufung
und Lebensaufgabe.

Ich achte darauf:

Was sind meine Herzenswünsche,
wobei bin ich voller Freude,
was mache ich gerne,
wo liegen meine Talente???

Diesem Weg folge ich Schritt für Schritt und finde heraus, was sich meine Seele wünscht.

Was ist
meine
Aufgabe hier,
mein
Seelenplan?

Umarmen
wir uns,
bildet sich
ein Kreis.

Wir erschaffen Kraftkreise und eine neue Form des Miteinanders

Join Community

Ich bin
da

Ich nehme dich gerne an die Hand und begleite dich einige Schritte auf deinem Weg.

... um dir den Impuls für den nächsten Schritt zu geben - bis du bereit bist, selbst weiterzugehen auf deinem einzigartigen Weg.

Die Zeit ist JETZT ... füreinander da zu sein und immer wieder ein Feld der Liebe zu teilen.
Ein wahrer Freund fragt nicht, warum, wann oder wieso.
Er sagt einfach: »Ich bin da!«, wenn ich ihn wirklich brauche. Aber dann kann er auch wieder loslassen und gibt mir die Chance, selbst Schritte für mich und meine Entwicklung zu gehen.
Das hat mich in meinem Leben immer zutiefst berührt, dass mir, wenn wirklich ganz schwierige Situationen zu bewältigen waren, immer ErdenEngel bedingungslos und sofort zur Seite standen, um mich einen Schritt zu begleiten und an die Hand zu nehmen.
Dafür bin ich unendlich dankbar.

»Ich bin da!« erscheint in dem Moment wie ein Wunder.

Auch bei Seminaren, Ausbildungen ... ist es wichtig, den anderen als Wegbegleiter zu sehen, der uns einen gewissen Abschnitt begleitet, aber die Zeit der Gurus, die wir auf einen Thron heben, ist vorbei. Das, was wir lernen, darf irgendwann zu unserer eigenen gelebten, verinnerlichten Weisheit werden, erst dann können wir wirklich etwas damit anfangen.

Was zählt, ist, dass wir uns immer weiter vernetzen/begegnen. Uns gegenseitig viel Heilung und Entwicklung bringen.

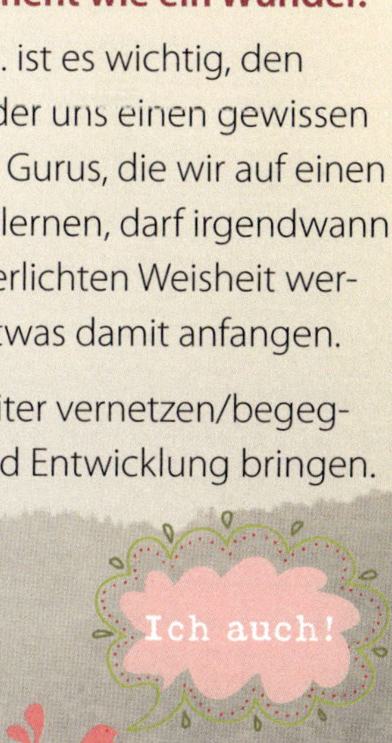

Die Rückkehr und das Erwachen der weiblichen Energie sind sehr wichtig für die großen Transformationen, die wir alle gerade durchleben. Dabei werden erdverbundene und matriarchale Lebensstrukturen in die Welt zurückgebracht.

Die Frau findet zurück zu ihrer ursprünglichen Weiblichkeit.

Sie verbindet sich mit der Göttin in ihr. Sie ist gleichzeitig Liebende und Geliebte und hütet ihr Mysterium im inneren Tempel.
Genauso ist sie sich bewusst, dass sie sowohl Hüterin als auch Nährende ist. Dabei wählt sie den Weg der Sanftheit und erschafft mit ihrer Kraft, Harmonie und Balance die Basis für ein friedvolles Miteinander.

Hat die Frau ihre Qualitäten erkannt und verinnerlicht, sind ihre Stärken: die Kraft der Sinne, Natürlichkeit, Intuition verbunden mit Anmut, Mitgefühl, Achtsamkeit und einer alles verbindenden und nährenden Herzenswärme.

Die Frau nährt sich selbst und ihr Umfeld, ohne sich aufzugeben oder zu opfern. Sie lebt ihre femininen Qualitäten ganz bewusst verbunden mit dem Herzen.

Die neue Version der **Frau**

erdenEngel erschaffen sich NEU

Die Zeit ist jetzt, dass Mann sich neu definiert und in die Welt bringt.
Er wählt neue Wege, lebt die Liebe und den Frieden, entdeckt sein tiefes inneres Wissen voller Stärke und Klarheit.

Die neue Version des Mannes

Über einen großen Zeitraum hat die männliche Kraft die Welt bestimmt. Jetzt verändert es sich, und das weibliche Prinzip kehrt immer mehr zurück. Das heißt nicht, dass die Frauen jetzt die Macht übernehmen. Aber den Mann fordert es, sich neu zu definieren, umgekehrt die Frau genauso. Jede/-r hat männliche und weibliche Anteile, die in Balance gebracht werden wollen ... ohne Yin kein Yang.
Der Mann wird wieder mehr ein spiritueller Krieger, der bewusst wählt, welche Qualitäten er in seinem Leben ausdrücken möchte. Dies ist eine Reise tief ins Herz des Mannes. Zuerst muss er sich ja bewusst werden, was er in seinem Herzen will, was seine eigene Wahrheit ist, jenseits von Konditionierungen. Alte Rollenmuster, die er oft erfüllen musste, funktionieren nicht mehr oder eher ... legen eine Maske über die wahre innere Welt. Es macht nicht glücklich, bringt keine Erfüllung, überholten Anforderungen gerecht werden zu müssen und dabei die eigenen Träume nicht zu leben. Sich bewusst zu werden, was er jetzt wählen möchte, ist seine Aufgabe.

Was will Mann jetzt in die Welt bringen?

Er kehrt zurück zu seiner geheiligten Männlichkeit. Zuerst heilt er die Beziehung zu sich selbst, stellt sich seinen inneren Konflikten, erkennt seine Potenziale und nimmt seine spirituelle Kraft an. Wenn er mit diesen Werten, seiner Kraft und der Natur verbunden ist, hilft er dabei, das Neue in der Welt aufzubauen.

erdenEngel begegnen sich NEU

Wir begegnen uns von Herz zu Herz. Jeder ist für sich vollständig, hat männliche und weibliche Anteile in sich in Balance gebracht. Gemeinsam erschaffen wir etwas Neues, und Liebe ist bedingungslos und in Freiheit möglich.

Ich bin jetzt bereit, eine neue Form von partnerschaftlicher Beziehung einzugehen. Auch hier (wie später bei den Kraftkreisen beschrieben) ist jeder für sich ein geschlossener Kreis. Geschlossen ist er, wenn ich selbst vollständig bin. Ich brauche keinen Partner, weil mir ein Stück in meinem Kreis fehlt und ich mich nur mit dem anderen wirklich vollständig fühlen kann. Das sind eher die Spielregeln für alte, überholte Beziehungen, die noch Drama benötigen und in denen die Partner aus einem Mangeldenken zusammenbleiben. Heute können wir einander auf Augenhöhe begegnen ... ja, uns wirklich sehen und auf tiefsten Ebenen berühren. Dabei bleibt jeder Kreis vollständig, wir verbinden uns zu einer Schnittmenge. Aus dieser ensteht eine dritte Kraft, die wir bedingungslos (da kein Mangel herrscht) und liebevoll gestalten. Es braucht Vertrauen und Hingabe, die Bereitschaft, gemeinsam zu wachsen und sich immer wieder neu zu begegnen auf dem gemeinsamen Weg.

Ich sehe dich!

Ich spiegele mich in Begegnungen und nutze die Chance, gemeinsam zu wachsen

Erst in der Begegnung mit anderen kann ich viele meiner Qualitäten entdecken. Gegenseitig entwickeln wir unsere Fähigkeiten in dieser spannenden neuen Zeit, wo sich alles beschleunigt und sich das Bewusstsein ständig erweitert.

Ich erlebe es gerade, dass wir immer mehr Mitgliedern unserer Seelenfamilie begegnen, und das fühlt sich wunderschön an.
Da ist meist von Anfang an eine ganz tiefe Vertrautheit und Gemeinsamkeit.
Wir bauen ein Netz der Freundschaft auf, und manchmal braucht das gar keine Worte.
Wir fühlen uns einfach wohl in der Begegnung, im Miteinander, und unsere Fähigkeiten ergänzen sich.
Der/die andere kann einfach nur er/sie selbst sein.
In dieser Verbindung unterstützen wir uns gegenseitig und bauen einander auf.
Auch unabhängig von der Seelenfamilie ist jeder Mensch, der in unserem Leben auftaucht, ein wertvoller Spiegel für uns selbst.
Betrachten wir den/die andere/-n als ebenbürtig, vollkommen so, wie er/sie ist.
Unser Gegenüber ist ein Teil von uns selbst, da wir ja im Kreislauf des Lebens mit allem verbunden sind.

Schön, dass es dich gibt!
in lak'ech
namaste
mitakuye oyasin
einen Hongi teilen
(Danke, Bissy, meine kleine Maori-Freundin)

Kreise erschaffen!
Kreise öffnen!
Kreise schließen!
Kreisläufe achten!
Kraftkreise ... erst durch ein liebevolles Netzwerk bin ich verbunden.
Erschaffe deine Gemeinschaft.

Der **Kreis** hat eine wichtige Symbolik und **Kraft.**

Kreise verbinden und schaffen Vertrauen und Geborgenheit. Fällt ein Stein ins Wasser, zieht er Kreise. Es bilden sich wunderschöne kreisförmige Muster. Die Kreise können sinnbildlich für unsere Gemeinschaft stehen. Jeder für sich ist ein vollkommener, geschlossener Kreis. Dieser Kreis gehört in einen größeren, den der Familie. Dann folgen wieder weitere, je nach Sprachgebrauch Tribes, Clans und später Völker, Stämme .... alles schwingt gemeinsam.
Heute sind diese »alten« Strukturen ziemlich aufgebrochen, die Kreise nicht mehr rund und geschlossen, sondern es existieren abgespaltene Stücke. Das kann zu tiefer Einsamkeit, Trennung und Isolation führen.
Die Gemeinschaft hat enorm an Kraft verloren.
Jetzt geht es darum, wieder neue, an die heutige Zeit angepasste Gemeinschaften zu erschaffen und sich gemeinsam dieser Verantwortung bewusst zu werden.

Ein liebevoller, achtsamer Umgang untereinander lässt neue Kreismuster und Verbindungen im Fluss des Lebens entstehen.

Unsere Verbindung zur Natur

»Atme die Weite des Himmels.
Tanze im Feuer das Wunder des Lebens.
Fließe mit dem Wasser in die Tiefe deiner Träume.
Wachse in die Erde zur Quelle deiner Kraft.«

Indianische Weisheit

Wertschätzung und tiefe Verbundenheit
mit den Elementen der Erde
reinigen und klären
die Elemente auch in mir.

Ich übernehme Verantwortung,
die Harmonie wiederherzustellen.
Ich gestalte bewusst
mit den Kräften der Natur
und hüte ihr Wissen und ihre Schönheit.

Ich bin in Harmonie mit den
Elementen: **Luft, Feuer,
Wasser und Erde**

erdenEngel sind Erdenhüter

»In der lebendigen Natur geschieht nichts, was nicht in der Verbindung mit dem Ganzen steht.«

Johann Wolfgang von Goethe

Als Erdenhüter sind wir aufgerufen, die Erde und uns auf dem Weg der Wandlung zu heilen.
Dabei ist es sehr hilfreich, neben den Pflanzen und Tieren wieder den Kontakt zu den Elementen und den damit verbundenen Naturkräften aufzunehmen.

Erde, Feuer, Wasser, Luft

Hier ist innen wie außen und steht im Leben in ständiger Wechselwirkung.
Genau wie die Erde ein lebendes Wesen ist, sind es auch die Elemente. Wir können viel von ihnen lernen und ihre Gaben schätzen lernen, wenn wir unsere Wahrnehmung darauf ausrichten.
Wie bewegen sie sich?
Draußen in der Natur und tief in mir, meine Gefühlswelt (Wasser), meine Gedanken (Luft), mein inneres Feuer ....
Welche Botschaften haben sie für uns?
Was flüstert der Wind, was sagt mir das Rauschen eines Bachlaufes?

Draußen in und mit der Natur zu sein, ist ein großes Geschenk an uns selbst. Die Schönheit jedes Augenblickes bewusst genießen zu können.
Wir kommen dort zur Ruhe, öffnen unsere Sinne und nehmen enfach wahr, was ist.
Das bringt Klarheit, Inspiration, inneren Frieden und verbindet uns mit unserer ureigenen Kraft.
Leider ist es für viele mittlerweile normal geworden, auch die Natur zu konsumieren. Da hetzt man »verkabelt« unter Zeitdruck durch den Wald, treibt Sport zur Fitness oder um abzunehmen.
Gehen wir jedoch mit offenem Herzen in die Natur, kann sie ein wertvoller Spiegel für uns sein. Dafür müssen wir achtsam und aufmerksam beobachten und wahrnehmen.
Wir spüren uns gemeinsam mit der Natur, erkennen grenzenlose Kreativität, Kreisläufe, zauberhafte Farbenspiele, unendliche Vielfalt und vieles mehr.
Hier ist alles miteinander verbunden. Das spüren wir umso intensiver, je mehr wir unseren Kopf verlassen und im Körper ankommen.
Versuch einmal, bewusst zu gehen, den Boden mit den Füßen zu berühren, dich mit der Erde zu verbinden, Sonne oder Regen auf der Haut zu spüren, tief zu atmen.

**Voller Dankbarkeit und Wertschätzung der Natur
zu begegnen und all die Vielfalt und
die Schöpfungen wahrzunehmen,
verbindet uns mit dem Herzschlag der Erde.**

Die Natur ist
meine Inspiration,
aus ihr kann ich alles
schöpfen

Ich verbringe viel Zeit in
der Natur und öffne mich
dort mit allen Sinnen
meinem
SEIN.

erdenEngel lieben die Natur und leben in
Harmonie und Wertschätzung mit ihr

Mutter Erde und Vater Himmel sind für uns Erdenkinder die besten Lehrmeister. Das Zusammenführen der spirituellen Kräfte vom Herz des Himmels und vom Herz der Erde ist die Basis unseres Lebens.
Es verbindet uns mit der Natur im Außen, aber auch mit unserer wahren inneren Natur. So verbunden haben wir Zugang zu unserer Schöpfungskraft, weil wir in Harmonie schwingen mit der Natur.
Es öffnen sich Räume und Ebenen, die sich uns nicht erschließen, solange wir in der egoorientierten Vorstellung von Getrenntheit verhaftet bleiben.
Genauso sind wir mit allen anderen Fbenen ver bunden. Die Tiere, die Pflanzen und die Steine sind unsere Geschwister und haben wichtige Botschaften für uns. Und darüber hinaus gibt es die vielen Anderswelten, die auch immer erlebbarer werden, je verbundener wir uns fühlen.

Es entwickelt sich nach und nach eine gelebte Wirklichkeit voller Magie und Wunder, die uns an die Zauberwelt der Natur anschließt.

Durch diese Kommunikation miteinander erkennen wir uns selbst und unsere Fähigkeiten.

EINSsein mit der Erde, der Natur und all ihren Wesen

Wenn ich mich als Schöpfungswesen sehe, brauche ich den Zugang zu den Naturwelten.

Ich kann der Erde und ihren Wesen an vielen Orten Respekt und Wertschätzung erweisen

Wenn du dich um dein Umfeld kümmerst, wirst du dort willkommen sein.

erdenEngel schaffen Kraftorte

Die Erde ruft uns, die heiligen Plätze
wieder zu erkennen und zu finden.
Das alte Wissen wurde gut in Naturformationen versteckt.
In Steinen, Bäumen, Quellen und an vielen weiteren Orten.
Wenn die Zeit gekommen ist, wird sich uns das Wissen an diesen Plätzen von selbst öffnen. Dafür reicht es, sich im Herzen zu zentrieren, sich der Natur und ihren Energien zu öffnen.
Wir sind dann ganz im JETZT, und wir SIND der Baum oder der Fels, auf den wir unsere Aufmerksamkeit richten, und kommunizieren mit der Sprache des Herzens.
Auch hier dürfen wir uns erinnern, wer wir wirklich sind und dass wir wieder an dieses uralte Wissen anknüpfen können.
Energie geht niemals verloren.
Die Herausforderung ist es, die Informationen in die neue Zeit zu transportieren, das alte Wissen neu zu erfahren.
Damit achtsam umzugehen und die Plätze zu hüten, ist unsere Aufgabe, damit immer mehr Menschen zu ihrer Kraft zurückfinden können, indem sie sich erinnern, dass alles mit allem verbunden ist.

Meine Rituale schaffen mir den Raum, verbunden zu SEIN

Es gibt viele Möglichkeiten,
Rituale zu gestalten.
Ich zelebriere sie auf eine
heilige Art und Weise.
Dabei kommt das Heilige
aus dem reinen,
geöffneten Herzen
und dem tiefen Wunsch,
alles mit Segen zu erfüllen.

Schon immer feiert der Mensch den Wandel in der Natur, die Jahreszeiten, die Mond- und Sonnenzyklen auf vielfältige Weise, z. B. mit einem Feuerritual, Tanz, Gesang, Trommeln und vielen anderen Möglichkeiten.
Wir schaffen damit eine energetische Verbindung zwischen uns, der Natur und den Schöpferkräften um und in uns.

Es entsteht eine schöpferische Partnerschaft zwischen der sichtbaren und der unsichtbaren Welt, wir werden zu einem Kanal zwischen diesen Energien und können Himmel und Erde wieder verbinden.

Auch bei Übergängen in neue Lebensphasen sind Rituale zur Initiation eine kraftvolle Begleitung. Diese Übergangsriten sind heutzutage besonders hilfreich, weil viele Menschen die Orientierung auf ihrem Lebensweg verloren haben und die Verbindung mit ihrer wahren Natur nicht mehr spüren.

Ein Ritual durchzuführen, schafft Räume für schöpferischen Wandel.
Verbundenheit, Liebe, Harmonie öffnen diesen Raum, und wir können dankbar und demütig wahrnehmen, was wir durch diese achtsame Zuwendung bewegen.

Dem Klang des Herzens folgen

Zum Ausklang dieses Büchleins möchte ich noch mit euch teilen, was mir gerade sehr wichtig ist, um zu einem visionären, selbstbestimmten Leben zu erwachen und es aus (ur-)eigener Kraft und Kreativität zu gestalten.

Ein großer Traum von mir ist, den Klang in meinem Herzen immer mehr wahrzunehmen. Einige Male ist mir das in meinem Leben gelungen, und es hat mich zutiefst berührt. Es geht für mich dabei um grenzenlose Kommunikation mit allem, was ist. Ohne Worte, Sprachen, mich allein über das Herz zu verbinden und zu kommunizieren. Das ist ja nichts Neues, wir können das, und viele Naturvölker leben es noch, vielmehr geht es darum, sich wieder dafür zu öffnen und das, was einen daran hindert, nach und nach loszulassen.

Wenn wir die Sprache des Herzens sprechen, kann es nur Wahrheit und Frieden geben.

Ein weiterer Herzenswunsch von mir ist das Träumen an sich, das nimmt immer mehr Raum in meinem Leben ein. Meine inneren Bilder gestalten mein Leben, und es ist sehr wertvoll für mich geworden, einfach zu spüren, was sich da zeigt, auch, um einen kollektiven Traum zu schaffen.

Mögen sich mein Verständnis und meine Sichtweise erweitern, damit ich die Liebe und Allverbundenheit SEIN kann und wir gemeinsam eine friedliche, heile Welt gestalten, zum Wohle aller!

Ute Leilani

Grenzenlose Kommunikation & Lebensträume

erdenEngel
sprechen die Sprache
des Herzens

Bildnachweis

Titel/Rückseite:
Petar Paunchev (116946712), blue67design (75881146), 67design (75958327), Oksana Aleksee-va (100951357), graphixmania (108338909)
Seite 3
blue67design (75881146)
Seite 4
Oksana Alekseeva (100951357)
Seite 7
Woodhouse (135178952), blue67design (75958327), Le Chernina (170885702), Oksana Aleksee-va (100951357), Aleshyn_Andrei (150945596)
Seite 10–11
Oleg Gekman (141466357), Flik47 (115106302), Woodhouse (82934515), blue67design (75881146)
Seite 12–13
Melpomene (179502071) , graphixmania (108338906)
Seite 14–15
Aleshyn_Andrei (114300748), Aleshyn_Andrei (114518101)
Seite 16–17
Viktor Gladkov (130122452) , B. and E. Dudzinscy (174693092), Le Chernina (170885702)
Seite 18–19
djile (178469927)
Seite 20–21
mycteria (163428020), Sergey Nivens (149160884), Petar Paunchev (109178720), silm (149745059)
Seite 22–23
dip (134303357), Marylia (310991810), Mimadeo (177925589), julymilks (326641394), little Whale (79896766)
Seite 24–25
VVSV (55672735), Ollyy (36204571), Le Chernina (170885702, little Whale (71789842)
Seite 26–27
shutterstock: Ermolaev Alexander (110217512), Victoria Sergeeva, (118559533), blue67design (75958327), Le Chernina (152499086)
Seite 28–29
Dudarev Mikhail (139712485), Andrea Haase (49734037)
Seite 30–31
mnoa357 (176472197 , Elena Ray (70684780), Elena Ray (56516881), PureSolution (119323411)
Seite 32–33
Miramiska (133011767), Lucian Coman (5405287), Kevin Day (119987908)
Seite 34–35
Anna Poguliaeva (171867365) , Elena Ray (10618438)
Alina Joelle (Illustration Frau)
Seite 36–37
Le Chernina (illu 170885702), Lolostock (154578533), Olesya Kuznetsova (162846485)
Seite 38–39
Glovatskiy (129532919)
Seite 40–41
Petar Paunchev (105868484), ivosar (174637466), Victoria Sergeeva, (118559533)
Seite 42–43
Berkomaster (140544421), conrado (60733447), Petrenko Andriy (69952891), conrado (26100514)
Seite 44-45
Aleshyn_Andrei (129940382)
Seite 46–47
Masson (76606039), Alina Joelle (Kreis, Dots), Pelican graphics (121552075)

Seite 48–49
Photobank gallery (64148374), Mettus (189561563)
Seite 50–51
Petar Paunchev (116946712), KsushaArt (120307828), Le Chernina (179554409)
Seite 52–53
Woodhouse (90349234), Elena Ray (56735206)
Seite 54–55
Piotr Marcinski (177272813), Galushko Sergey (104093879), Anan Chincho (109693433), Pelican graphics (121552075)
Seite 56–57
Natalia-flurno (166756298), Aleshyn_Andrei (129952055), blue67design (75958327), Le Chernina (170885702)
Seite 58–59
shutterstock: coka (124975250)
Seite 60–61
Elena Ray (57264988), taniasneg (151882208), 89studio (96718300)
Seite 62–63
Blend Images (96002753), PureSolution (119323411), blue67design (75958327)
Seite 64–65
bikeriderlondon (144943360), Petar Paunchev (92098241), William Perugini (171340034), Nella (78716086), anemad (246189406), Utro_na_more (307454198), Julia Tim (345492365), Alina Joelle (Button)
Seite 66–67
Rustle (175766603), Woodhouse (82934515)
Seite 68–69
Woodhouse (82934515), blue67design (75958327), Archiwiz (133561271), Elena Ray (144328831)
Seite 70–71
Eugene Sergeev (141184438), Peter Bernik (186862652), Archiwiz (133561271), Flik47 (115106302), blue67design (75881146)
Seite 72–73
stockphoto mania (101163004), conrado (189405206), Le Chernina (179554409), Pelican graphics (121552075)
Seite 74–75
Teresa Levite (1939966), Roxana Gonzalez (6001894), blue67design (75881146)
Seite 76–77
Kaponia Aliaksei (166437005), William Perugini (171340034), blue67design (75958327)
Seite 78–79
Mayer George (86795761), Soloviova Liudmyla (149897888)
Seite 80–81
Shevs (135046289), silm (149745059)
Seite 82–83
Ollyy (140373031) Ollyy (140373031), blue67design (75958327)
Seite 84–85
shutterstock: Patrick Foto (127956932), blue67design (75958327)
Seite 86–87
blue67design (75958327), Elena Ray (123996073), Alina Joelle (Foto, Button)
Seite 88–89
Blend Images (138800666)
Seite 90–91
blue67design (75958327), Elena Ray (56589619), donatas1205 (61756207), Alina Joelle (Button)
Seite 96
Elena Ray (278987), Woodhouse (82934515)

Alle Angaben mit Bildnummer von: www.shutterstock.com.

Ute Leilani Meuser

ErdenEngel

... wir sind Sternenstaub und wachen auf!

Kartenset, 50 Karten mit Anleitung

ISBN: 978-3-8434-9062-7

Sei ein ErdenEngel ... die Zeit ist jetzt! Wir Menschen stehen vor neuen Herausforderungen. Wenn wir uns selbst als ErdenEngel wahrnehmen, können wir unsere Bestimmung leben. Gemeinsam werden wir eine neue Erde aufbauen, die in Harmonie mit der Natur, den Elementen und dem großen Ganzen existiert. Zum Wohle aller. Lasse dich inspirieren!

Ute Leilani Meuser • Simone Vetters

Meine Natur wahrnehmen

Fasten und mehr für Klarheit, Energie, Schönheit, Natürlichkeit & Sinnlichkeit

Kartenset, 49 Karten mit Anleitung
ISBN: 978-3-8434-9078-8

Fasten, tanzen, barfuß gehen ... die eigene Natur mit allen Sinnen wahrnehmen: Die inspirierenden Kraftkarten dieses liebevoll gestalteten Sets geben uns leichte Impulse, uns unserem eigenen Körper zuzuwenden und ihn als das Wunder wahrzunehmen, das er ist. Erschaffen wir uns ein Leben, das von Liebe, Leidenschaft und Sinn erfüllt ist! Unser Körper wird es uns mit Vitalität, Schönheit und Energie danken.

Danke

Von Herzen DANKE ...

all den lieben und ganz besonderen Menschen, die auf die unterschiedlichste Art und Weise für mich da sind und dazu beigetragen haben, das Kartenset und dieses Büchlein in die Welt zu bringen.
Es ist sooo wundervoll, gemeinsam neue Wege zu öffnen und zu gehen!!!
Schön, dass es euch gibt!